《汝南堂‧周易尚占》

六十四卦啟示賦卡
〈詩箋白話註解全集〉(一)

吳慕亮/指導老師　廖英琪/著作

廖英琪簡介

學術經歷：

- 玄奘大學應用心理系研究所畢
- 風城五術作家吳師慕亮入室弟子
- 汝南堂《周易》六十四卦賦卡
- 著述蠡酌《周易》五行之妙音
- 學校暨機關瑜伽專任資深教師
- 光之課程修畢第一～第十七級次
- 推廣慶雲教室身心靈課程＆人文講座

服務項目：

- 紫微斗數論命詳批
- 近體詩絕律之創作
- 風鑑掌紋審視吉凶
- 能量瑜伽&音療課
- 身心靈啓迪及導引

臉　書：「慶雲悅心坊」

部落格：「慶雲嬌瓏藝苑」

座右銘

天道酬勤，地道酬善，人道酬誠，
商道酬信，業道酬精，吾曹遵之。

吳慕亮序言

廖帥英琪（左），恭撰《汝南堂・周易尚占詩箋》
賦卡付梓傳世，以承吳師慕亮（右）雅正。

讚　曰：

「汝南廖帥習文豪，管領群倫睿智高，
　卓見周經明悔吝，雄觀易道挽狂濤；
　詩箋六象功堪頌，卦理三通續可褒，
　期許慶雲新氣象，開來繼往展龍韜。」

　　西漢・司馬遷（字子長）之《史記》：「蓋文王拘而演《周
易》，仲尼厄而作《春秋》；屈原放逐，乃賦《離騷》；左丘
失明，厥有《國語》；孫子臏腳，兵法脩列；不韋遷蜀，世
傳《呂覽》；韓非囚秦，《說難》、《孤憤》及商鞅之『法』，
申不害之『術』，集於一身，此人皆意有鬱結，不得通其道，
故述往事，思來者。」蓋《周易》者，計 24,207 字，世尊：「群
經之首，諸子百家之源。」對中國歷代之政治、經濟、文化、
建築、醫學、音樂、繪畫、詩章，日常生活等，無不與《周易》
寶典，有千絲萬縷之繫焉！

曩者，孔子聖人，讀《易》，韋編三絕（慕亮考之，韋，熟牛皮，舊時用以串聯竹簡成冊，故指孔子勤讀《易經》，致使編聯竹簡之皮繩屢次脫斷），爾今吾曹談吐中，亦咸以引用《周易》詞語。如貞觀年號，唐太宗李世民（李淵嫡次子）之年號，「貞觀」二字，由魏徵擬議，取〈繫辭·下傳〉：「天地之道，貞觀者也。」從 2010 年歲次庚寅迄今，歷屆之《易學論壇》，舉行於「弘光科技大學」，校名語出《周易·坤卦》：「坤厚載物，德合無疆。含弘光大，品物咸亨。」

旋以，日本「明治天皇」，在位時間公元 1868 年（清·同治八年歲次己巳）9 月 8 日至公元 1912 年（民國元年歲次壬子，登位四十四年）7 月 30 日。考其「明治」一詞，出自《周易·說卦傳》：「聖人南面而聽天下，嚮明而治。」復以，陸羽茶神之盛名，取〈風山漸·上九〉：「鴻漸于陸，其羽可用爲儀，吉。」陸羽，字鴻漸，號茶山御史，唐朝復州竟陵人。其著《茶經》聞名於世，對中國及世界茶業卓越貢獻，譽之茶聖，奉之茶仙，祀之茶神，台灣天仁茗茶塑像紀念！

先總統蔣公，名中正，號介石，生於清光緒 13 年歲次丁亥 9 月 15 午時。名取於《周易·雷地豫·六二》：「介於石，不終日，貞吉。」〈象〉曰：「不終日，貞吉，以中正也。」杭州胡雪巖屬徽商，富甲一方，世稱：「紅頂商人。」其發達之後，不忘鄉親，開設「胡慶餘堂·雪記國藥號」。本以「餘慶堂」引述《周易·文言·坤卦》：「積善之家，必有餘慶；積不善之家，必有餘殃。」其母言秦檜曾用「餘慶堂」應避諱，胡雪巖以孝爲本，尊母慈訓，倒句：「慶餘堂。」

爰有，臺灣鼎泰豐，以麵食爲主之連鎖餐廳，小籠包最聞名，由經營者楊總紀華之令尊楊秉彝所創立，1958 年（民國

四十七年歲次戊戌）開設於臺北市信義路。蓋「鼎泰豐」三字，乃取至《周易》六十四卦之〈火風鼎〉、〈地天泰〉、〈雷火豐〉之名，從此發跡。1996 年（民國八十五年歲次丙子），鼎泰豐拓展至日本市場，於日本迅速掀起一股小籠包熱，自此廣獲好評，曾得《紐約時報》推薦爲「世界十大美食餐廳」之一。老朽慕亮及闔家老少暨知己詩友，亦座上客也。

　　欣逢庚子立夏候節前夕，廖帥英琪註釋《汝南堂‧周易尚占》六十四卦啓示賦卡之《詩箋白話註解全集》，歡忭無極，斯乃瑜伽之高士也。其染翰操紙，一揮而就，下筆成篇，日試萬言；遒文藻采，彤管揚輝，金章玉句，拔地倚天之妙。廖帥初由吾嫡傳弟子潭城觀顯堂主人之王若庭，啓蒙《華山玄秘》之學，後從我習「近體詩」及「指掌玄微」題吟，尺牘交流，晨寄暮覆。吾知其徇齊穎秀，敏慧聰明，經文緯武，高材疾足；詩成絕律，意到筆隨，寡二少雙，久懷慕藺。

　　廖帥英琪，繼續《周易》，弗忍聖道衰，遂殫精竭慮，開誠佈公，立說弘揚。其激濁揚清，鴻篇鉅構，片箋片玉，曠古絕倫。復以夙抱仁義之衷，痌瘝爲懷，憫世風日下，人心澆漓。意欲效太史公之長才，發憤著述，裨益世道，偉功豈淺尠哉！欣喜大作之《詩箋白話註解全集》芸編，完稿付梓，索序於我，殷殷致意，何敢當此。朽本固陋，愧無良文，唯感其悃誠，對於儒宗聖學，大有補益，欽挹樂序。故將管見，忝附驥尾，兼以贊襄慶雲嬌瓏，慈悲胸襟於萬一，云爾！

　歲次庚子清和五一勞動節後二日穀旦

　　　隆中　吳慕亮敬序於風城拂塵掃葉樓牖前

吳慕亮老師
簡介

※ 吳慕亮教授，乃當代五術方家，
香港上海哲理學院哲學博士。

現任：星元五術大學校長及財團法人軒轅教二宗伯暨潭邑《觀顯堂年刊》總督導，以傳道、授業、解惑，著書立說，執經問難，闡微三教，弘揚儒宗，教以傳統詩（近體詩）而續承文化爲不朽之盛業！

別號：孔子門生、延陵布衣、玄魁居士、鍼灸山人、隆中逸叟、方外處士、野鶴老朽、閒雲簑翁、臥龍散人。

室號：河洛居、愛吾廬、半仙居、瑩拂園、滌塵軒、臥龍軒、璇璣小閣、隆中小築、拂塵掃葉樓、如聞心齋、笑傲山房、市隱草堂。

設硯處：延陵堂詩學五術文化會館
臺灣省新竹市民富里少年街100號　電話：03-5214041
手機：0936-996563　E-mail：wcw969696@yahoo.com.tw

設硯論命

導引：豐盈錢財之妙法。　指點：事業成功之捷徑。
提示：美滿婚姻之建立。　緣授：五術文化之要旨。
悉曉：改變命運之秘訣。　洞徹：趨吉避凶之門道。
探索：生命意義之超越。　頓悟：本體微妙之境界。

著作書籍

吳氏周易通鑑全集四部冊。吳誌軒醫海探賾總覽上下冊。
市隱草堂‧醫學氣功法要。華山希夷飛星棋譜秘傳專集。
延陵布衣‧鍼灸心得專論。風鑑啓悟‧漫談語錄上下冊。
拂塵掃葉樓‧詩稿纂輯。神臺孔廟之探索專集四部冊。
閒話神鬼玄機籙拾遺全集。延陵堂‧古今滑稽詩話聯集。

廖英琪自序

「悲歡合散盛衰休，禍福相生識出周；
易學觀微衡態勢，榮枯立命境明悠。」

諺語：「花無百日開，人無千日好。」比喻人生之禍福無常，在所難免！每人累世之因緣，福報之厚薄，以及運勢之良窳，旋有今世不同之際遇，造就不同之命運與果報，因人而異。然而，部分之人，宿世福報，寵幸集一生，平步青雲，順利無阻，享盡榮華富貴；卻有不少之人，歷經各種磨練，境遇艱難，寸步難行，嚐盡體驗，人生之苦難。倘若能突破瓶頸，刻苦自勵，則可衝破黑暗，否極泰來，開創新局，從中走出一條康莊大道，創造生命之價值，開花結果，富貴利達！

自幼家境清寒，且分擔經濟之責，故求學階段，以半工半讀完成課業；其成長過程中，深刻感受，缺乏享受玩樂之空閒外，尚幸平安並無大禍。然則高中卒業後，每至夜深人靜，內心總有浮現一股聲音與渴望，欲求至大城市發展，生活於弗同之環境。於是前往台中謀職，並延續升學就讀專科，以完成心中之夢想。其次，年少不更事，心智尚未成熟，不知權衡輕重，維貪求事業發展，經常忽略肉身之保養，通宵達旦，熬夜做事及遭逢交通意外傷及尾椎，屢感身體欠安！

爾後，開始深刻警悟，肉身需照顧之重要，以及思索人生，禍出可測乎？災難可知乎？面臨無常，立身處世，應以何為本，方能泰然處之？此等疑竇重重，萌生於五衷，縈繞不已，等待將來有朝一日，必能洞悉明徹！因緣際會，於調養生息之光陰，承蒙學姐張雪鑾，多方照顧，提拔與栽培，引領踏入瑜伽之領域！一方面學習何如養生，同時亦進行養成教育，栽培瑜伽之技術，便於日後成為瑜伽之教練，身懷一技在身，謀生兼攝衛。尤感張師之荷德，瑜伽於百業中，堪稱為善業，且廣結善緣，服務眾生，兼具維護健康，英琪銘戢五衷，感懷六腑！

然則，自三十而立之年，肇始而薰陶瑜伽之專業知識，並取得證照，即開始從事教學生涯，探索身、心、靈之領域暨修習。其次，教而知不足，期間察知對於吾曹行為能力與性格，實感淺聞小見，旋

而至風城，報考「玄奘大學」在職碩班，攻讀心理系，裨益進學，認識人類之行為能力與性格，以獲取心理學（psychology）相關之知識，輔助洞察癥結，來自四面八方之學員，依其個別所需，因人而異，適時提供協助，促使于生理及心理上，增進喜悅與健康，不亦快哉！

從事身、心、靈教學之歲月，本年邁向第十六年頭，學生之來來往往，進而觀察每位至教室中，皆帶著不同之生命課題，非僅次在身體層次，分別各自出於家庭、伴侶、親子關係等之議題，以及欠缺對自身之認知。再則，面對學員之各種疑難雜症，逐漸意識到，當內心有心事或困頓時，未能排解，或是有答案、方法以釋懷之，長期下來，身心受到壓抑，則影響健康，無法歡愉，心安神泰，從容自在！其心理因素影響生理狀態，身形、面容，則顯露畏懼、退縮，嚴重者，患得憂鬱病或重症，對於鍛鍊身體，所要達到之成效，效果不彰！

古希臘哲學家之蘇格拉底，有云：「人生最難，是認識自己！」其箴言感同身受，理性真正明白，透澈認識自己，實乃不易。然則，新紀元之通路，網路 e 化，無遠弗屆，資訊之傳遞，無所不至；獲取知識之接收暨傳遞，相對於已往之時代，便捷暨快速，得以豐沛滿足，現代人對於知識之追求。其次，看似生活富足與豐饒，但現代人渴求心靈之安頓，卻與日俱增，教授身心靈之課程及療癒之法門，雨後春筍，充斥著臉書、社團或工作室平台，開班授課，不勝枚舉！

故而蓬勃發展靈性產業，隨之附屬而至，所延伸之物，乃充斥市場上，銷售各種形式之牌卡，譬如：塔羅牌、OH 卡、天使卡、彩虹卡……等工具，以及靈修、問事之門徑，廣泛被需求，同時亦應用於不同靈性課程之中，以療癒個案。再則綜觀市面上，所推售之牌卡，琳瑯滿目，曾思索自問，彷彿類屬東方文化之牌卡，相對尟見矣！忽憶，宋・陸九淵《與邵叔誼書》：「雖其老於論道，亦日學而不厭，啟助之益，需於後學。」及《周易・乾卦・象傳》：「天行健，君子以自強不息。」

於是英琪接招而面對學員之問題，無形之推力，自我目盼心思，求知「認識自己」之道路，燃起莫大之興趣；靜觀尋思，吾人活於世間數十載，既臨吉、凶、悔、吝，在所難免，應秉持何種客觀、超然之態度，觀看一切因緣和合？繼而於偶然之機，相識潭邑觀顗堂主

人－王若庭老師，講述儒宗形而上學《易經》之寶典，並教授《周易》之概念與哲理，爾後復以汲引塹北隱士－吳慕亮碩儒，登門至風城臥龍軒造謁，拜師學藝於延陵堂之門下，竟成玄魁居士之入室弟子，從此踏入五術之殿堂，孜孜不倦，夙夜匪懈，浸淫於聖人之學也。

　　家師吳慕亮，乃今之古人，世代書香，飽讀經典，謙謙君子，年高德劭之儒者，亦當代奇人異士，敏慧淹博，著書立說，言近指遠，崇論閎議，樂善好施（創辦中醫義診於延陵世第，達二十餘載），春風化雨，桃李滿天下。擅於五術（山、醫、命、卜、相），無不熟諳，移風異俗，過化存神，侔德覆載，慈悲為懷，佛心仙手，堪稱五術學界之泰斗也！然而研讀《周易》之大著，探索隱妙之事理，尤感先哲之智慧，博大精深，若無良師，點破箇中玄妙之理，頗難有所嶄獲，更遑論編製成抽卡形式，使用占卜問事，指點迷津，嘉惠群倫；提供困頓失志，命運坎坷，茫然若迷之時，指引明路，解惑之方向。

　　古云：「文字有靈，書本有神。」英琪蒙受上蒼之眷顧，極為萬幸，感戴於慕亮老師，恩德深重，孜矻無怠，尺素往返，詩章潤飾，遣詞運句之及「傳統詩」之絕律對仗教導，以匡不逮！方能夙願以償，將《周易》艱澀之文字，轉繁易簡，纂編成卡，吾曹得以瞻仰東方先哲之智慧，以文載道，傳習近體詩，呈現拙作《周易》六十四卦啟示賦卡，供予有迷失路途者，五內有所疑慮，裹足不前，困窘缺乏順遂時，藉由《周易》之聖學，文昌照耀，惠賜錦囊妙計，啟迪光明之道路，趨吉避凶，裨益指明路途，安頓自我，促使昂首挺立向前行！

　　蓋《周易》六十四卦啟示籤卡之創作，起於歲次己亥年（2019）仲秋至天運庚子年（2020）花旭之月，復六月二版，應諸生懇請，增補注釋籤詩白話之解說。藉以潤澤古聖先賢之哲理，浸染文詞之力量，韜光養晦外，歷程倍感苦辛困難；以及殷渥亮師之施教，求學須嚴謹，傳授搦管立意，符合〈卦辭〉外，抒懷必以「近體詩」題吟，其切合平仄、韻腳，且撰字之使用，莫重覆兩次或撞韻，考驗極大，千錘百鍊，字斟句酌矣！然而儘管如此，卻受益匪淺，領略亮師勖勉，口占：「慈雲本體繫玄魁，突破無明感應推；琢切辭章成妙句，

義文卦象六爻瑰。」復贈金玉嘉言：「寶劍鋒從磨礪出，梅花香自苦寒來。」

如今歷經玄魁居士之鞭策，不辭勞累，諄諄不倦，無私傾囊相授，方能完成，有別於市面之牌卡，供讀者通過先哲之文采，連結本體，回歸本性之明，臻於修身、占驗之圭臬！然則，胸懷亮師教誨，淬勉曰：「眾生求『安心』之道，所為何來？心能安，事則亨；隨順眾生之乞，此乃善巧方便之法，以臻吉祥如意！」復次，賜言：「人命者，一屬注定，二屬無常，人一切行事，可由人之努力改變，非一成而不變。命運原在您手中，何須歷歷問塞翁！若要真知命如何？須知吉凶本前吝。無人可左，無人可右。知命無憂以樂天，盡性無妄以達命。」

爰以，每人弗盡相同，全靠功力暨善念，方寸不亂，修心田，臻於五福臨門（《尚書·洪範》：「長壽、富貴、康寧、好德、善終。」）焉！現今拙作順利付梓，若非慕亮老師之督促，修習將《周易》簡化，著作實難完成，擔此艱巨與創新；秉持承師志，耳提面訓，二六時中，不忘於立德（陰騭）、立功（宣道）、立言（著書），修心補相，吾輩勤行三施（財施、法施、無畏施），富貴始增，行運暢達！渥蒙亮師，循循善導，教不厭，學不倦，以身作則，方能有機緣發表作品；寄懷胸臆，得以有志者事竟成，令弟子好生榮幸，隨側學習，致使通文達理。

末尾，諸事持感恩之心，將臨所有人、事、物之境或物，咸造就鄙夫之成長；既往蒙受眾賢良之心靈導師，志同道合之契友、門生之獎掖護持，願此回報天恩師德。伏乞一切之成就，拋磚引玉，轉成詩箋文字，將六十四位守護神，攜帶身邊，守護其中，仰仗聖人德威，以饗普羅大眾。當感身心弗安，停滯難前，或需衡量進退，修養品德，約束自身，便於就近取材，內在獲得啟迪，指引明路，以獲身心自在！同時將此膏澤，轉贈有緣之讀者，謹此而己矣！鄙人才疏學淺，冀望十方之先輩，祈以不吝賜教暨斧正，得以進學，由衷感恩，是以為序！

　　　　庚子年梅月甲辰黃道吉旦良辰

　　　　　　汝南　廖英琪　沐手敬題於雲仙小築牖前

（一）導言

讚六四神，守護庇身；
伴我攜帶，道交感真。
困頓茫顛，突破塵羣；
解疑參破，景況豁然。
無教毋宗，文昌智顒（ㄩㄥˊ）；
靜心默禱，主敬存恭。
回歸本魂，心誠則焞（ㄔㄨㄣ）；
機先洞察，指引光門。
束身修行，祺（ㄑㄧˊ）祥耀明；
避凶趨吉，元亨利貞！

天運庚子年穀雨候節吉旦

汝南　廖英琪 [印] 敬題于雲仙小築牖前

注解
- 顒（ㄩㄥˊ）：大、繁榮旺盛。
- 焞（ㄔㄨㄣ）：光明、明亮。
- 祺（ㄑㄧˊ）：安泰無憂、吉祥。

《汝南堂・周易尚占》
（二）使用說明書

1 先取《汝南堂・周易尚占》卦卡，唸誦「開卡祈禱詞」，祝福加持。

2 詰問原則，一事一占，誠切敘述，必獲光明現前，感應道交之妙。

3 置身處於安靜之空間，閉目沉思，釐清目前所遭遇，紛擾之事宜。

4 將卦卡洗牌摻和均勻畢，依照《汝南堂・周易尚占》「祝禱詞」唸誦。

5 主敬存誠，隨機抽卦卡乙張，即得知所要問事，卜占之卦象與籤詩。

6 獲取第某卦之籤詩，從下得知問事之吉凶，則可釋惑，茅塞頓開！

A 對照《汝南堂・周易尚占》六十四卦之索引，提綱挈領，知卦卡之籤意。

B 詳閱白話註解之意義，回應事項，立身處世之原則，可豁然開朗！

2020庚子年孟月穀旦良辰

汝南 廖英琪 沐手敬書於雲仙小築

（三）「開卡」祈禱詞

卜儀祝曰：「天何言哉！
叩之即應，悃誠以禱，
神之靈矣，感而遂通。
　今有弟子○○○，
茲因開卡一事，啟動卦卡
之能量；加持本體智慧，
遇事指引，游移不定，
吉凶禍福，惆悵失意，
萬垂昭報，成敗得失，
悔吝憂惱，消愁釋悶，
慎獨修身，福至心靈，
尚明告之！尚明告之！」

歲次○○年○月○日○時
弟子○○○合十鞠躬

（四）「卜筮（ㄕ）」祝禱文。

卜儀祝曰：「天何言哉！叩之即應，悃（ㄎㄨㄣ）誠以禱，神之靈矣，感而遂（ㄙㄨㄟˋ）通。

今有弟子〇〇〇，茲因〇〇事，猶豫未決，不知休咎（ㄐㄧㄡˋ），罔釋厥（ㄐㄩㄝˊ）疑，若可若否？萬垂昭報，吉凶得失，悔吝憂虞（ㄩˊ），尚明告之！尚明告之！」

歲次〇〇年〇月〇日〇時
弟子〇〇〇合十鞠躬

```
注解
```
• 罔（ㄨㄤˇ）：困惑。
• 厥（ㄐㄩㄝˊ）：意指詢問事件。
• 休咎（ㄐㄧㄡˋ）：吉凶、禍福。

《汝南堂・周易尚占》六十四卦象索引之要旨

《汝南堂・周易尚占》六十四卦象索引之要旨

第卅一卦 咸 卦：	「坦誠相待，感應道交。」
第卅二卦 恒 卦：	「立身行己，持之以恆。」
第卅三卦 遯 卦：	「識時通變，待機再舉。」
第卅四卦 大 壯：	「氣勢雄偉，循規蹈矩。」
第卅五卦 晉 卦：	「力圖上進，克明峻德。」
第卅六卦 明 夷：	「前程幽暗，韜光養晦。」
第卅七卦 家 人：	「各司其職，潛移默化。」
第卅八卦 睽 卦：	「事與願違，異中求同。」
第卅九卦 蹇 卦：	「時乖運蹇，反躬自省。」
第四十卦 解 卦：	「解囊濟窘，抽薪止沸。」
第四一卦 損 卦：	「二簋可享，損剛益柔。」
第四二卦 益 卦：	「利有攸往，見善則遷。」
第四三卦 夬 卦：	「審慎決斷，愛屋及烏。」
第四四卦 姤 卦：	「不期而遇，隱蔽慎始。」
第四五卦 萃 卦：	「薈萃一堂，眾擎易舉。」
第四六卦 升 卦：	「聚沙成塔，步雲高陞。」
第四七卦 困 卦：	「克服萬難，自力更生。」
第四八卦 井 卦：	「飲水思源，施惠濟民。」
第四九卦 革 卦：	「摒患興利，順應民心。」
第五十卦 鼎 卦：	「破舊立新，養息守道。」
第五一卦 震 卦：	「臨淵履冰，奮發圖強。」
第五二卦 艮 卦：	「進退合宜，知命安身。」
第五三卦 漸 卦：	「事緩則圓，循序漸進。」
第五四卦 歸 妹：	「風情月意，順其自然。」
第五五卦 豐 卦：	「天地盈虛，與時消息。」
第五六卦 旅 卦：	「四處飄泊，毋妄菲薄。」
第五七卦 巽 卦：	「柔聲逸氣，移風易俗。」
第五八卦 兌 卦：	「教學相長，悅無諂諛。」
第五九卦 渙 卦：	「精誠所至，金石為開。」
第六十卦 節 卦：	「物盡其用，施受平衡。」
第六一卦 中 孚：	「講信修睦，聲名遠播。」
第六二卦 小 過：	「吹毛求瑕，安份守己。」
第六三卦 既 濟：	「諸事俱備，杜漸防微。」
第六四卦 未 濟：	「半途自畫，貫徹始終。」

目次

六十四卦解籤「占得卦意，詩箋解說」

時運　家庭　事業　情感　健康　修養

《周易》上經第一～三十卦

第一卦 ䷀ 乾(ㄑㄧㄢˊ)為天

〈乾〉☰ 下　〈乾〉☰ 上

萬物資始

天時迭(ㄉㄧㄝˊ)轉六龍乘，
保合乾元萬物興；
夕惕(ㄊㄧˋ)陽剛行四序，
南來北往任優騰。

※「占得此卦」：

於待人處世、能力上，可展現個人之優勢，凡事行動積極，勤奮不懈怠，終有一番成就，財富、地位，皆能顯貴。於人相處，勿過剛毅，以免造成隔閡，難以親近！若是身居首領之高位，亦應行事穩重，舉止不輕躁，互為尊重，關係方能和諧自在。

籤詩解說	時運：培養實力，奮發向上。
	家庭：持家有道，威信並施。
	事業：擔負重任，敬慎謹言。
	情感：堅定不移，剛柔相濟。
	健康：嚴防頭疾，適度休息。
	修養：處事謙遜，驕傲自損。

第二卦 ䷁ 坤為地

〈坤〉☷ 下 〈坤〉☷ 上

萬物資生

坤儀載物應天迎，
德敏無疆品遍亨；
眾望依歸溫順範，
先迷後悟始飛擎﹙ㄑㄧㄥˊ﹚。

※「占得此卦」：

展現女性之柔順、儉樸之美德，容易犧牲小我，成全他人，須注意付出與所得均等，以免過度燃燒自我。於人際關係中，遵從他人，亦可學習保有個人意志與智慧，始能活出自我！身體防範婦女及腸胃疾病，應多行善事，以積福德，庇﹙ㄅㄧˋ﹚蔭子孫昌隆！

籤詩解說	
	時運：不辭艱苦，能者多勞。
	家庭：慈母風範，施受平衡。
	事業：勤懇儉樸，賢淑美名。
	情感：愛人以德，溫柔和順。
	健康：調養婦科，避免寒食。
	修養：慷慨解囊，廣結善緣。

第三卦 ䷂ 水雷屯

〈震〉☳ 下 〈坎〉☵ 上

冒險克難

雲雷接替嫩芽萌，
阻礙時方勿險橫；
俟奮藏珠遵韞櫝，
經綸自得靜觀陞。

※「占得此卦」：

於事物上，正處開頭、草創階段，萬事未臻完備，心中萌生艱難、困苦之狀態，不可鹵莽前進。雖然面對逆境，若能目標堅定，謹守規距，排除阻礙，應時機到來，亦能如願以償。惟異性交往，莫急著結婚，以免感情受創，或遇人不淑，冀望慎焉！

籤詩解說	
時運：	暫無所獲，等待良機。
家庭：	依禮行事，以和為貴。
事業：	明哲保身，避禍就福。
情感：	事緩則圓，順勢而為。
健康：	規律運動，長保體能。
修養：	少安勿躁，心平氣和。

第四卦 ䷃ 山水蒙

〈坎〉☵ 下　〈艮〉☶ 上

蒙以養正

山低禦寇陷童蒙，
闇惑人初問卜聰；
再瀆無欺純養正，
寧家復禮識高崇。

※「占得此卦」：

表示前方有危險、阻撓，產生蒙蔽、迷惑，模糊不清。凡事觀察清楚，莫操之過急，並接受他人教誨、讀書鑽研，幫助明白道理與啓發，培養決斷力，力圖進取。其異姓交往，彼此坦誠，不必強求，否則有「落花有意，流水無情」之遭遇，注意飲食衛生！

籤詩解說	
時運：	朦昧執著，進退兩難。
家庭：	教導培育，協力同心。
事業：	投資遭騙，宜守莫貪。
情感：	昏暗不明，三思而行。
健康：	細嚼慢嚥，營養均衡。
修養：	進修研習，通達事理。

第五卦 ䷄ 水天需

〈乾〉☰ 下 〈坎〉☵ 上

待時得濟

雲行未雨得霖全，
見惡推辭勿往前；
蓄志時機川利涉，
光亨宴樂轉無愆。

※「占得此卦」：

表示於黎明前，須等待太陽升起之過程，處世心懷誠信與恆心，勿貪求安樂，調劑精神，克服艱辛，莫可輕舉妄動，視情況採取應變之道，合時機再進行，則可轉危為安！其次，倘若於人事之經營，切莫置之不理，應互信、關切，日久生情，終成一對佳偶！

籤詩解說	時運：貪心妄想，待時而動。
	家庭：尊重差異，知恩融洽。
	事業：克服艱難，突破瓶頸。
	情感：冷靜沉著，正念轉意。
	健康：宴飲適中，增強體力。
	修養：改變習氣，培養耐性。

第六卦 ䷅ 天水訟

〈坎〉☵ 下 〈乾〉☰ 上

公正判斷

君子乖違逆道衝，
上剛下險訟藏胸；
清官正直難明判，
費耗窮爭勝蜚凶。

※「占得此卦」：

靜觀自得，顯示於事物上彼此違反信約，失去人和，雙方對簿公堂，修持反躬檢討己過，明辨是非，懷抱見面三分情，退一步海闊天空之度量，則可轉敗為成。可從事心靈活動，裨益心緒安定平靜，和緩關係緊繃，增進感情相處融洽，以達完善和諧！

籤詩解說	時運：背信棄義，爭執不停。
	家庭：各執己見，坦誠相照。
	事業：官司纏身，訴求資源。
	情感：情意未通，雙向溝通。
	健康：怒火傷肝，靜坐調心。
	修養：退步向前，省思補過。

第七卦  地水師

〈坎〉☵ 下 〈坤〉☷ 上

戰事不息

坎陷坤柔齟(chu)齬(yu)爭，
容民畜眾統師兵；
貪功帥動惶遺律，
儕(chai)佞(ning)危邦賞祿名。

※「占得此卦」：

身為執掌事務之領頭羊，於公司組織或團體之運作，須建立賞罰嚴明之紀律，依功績大小，給予獎勵。若實施政策時，必須全盤考慮周詳，衡量利益得失，方能帶領部屬前進。惟千萬不可貪功，冒然行事，動員眾多之人力，否則招至凶險，損兵折將、破財。

籤詩解說	
時運：興師動眾，多事紛擾。	
家庭：大度包容，敦親睦鄰。	
事業：論功行賞，選賢與能。	
情感：沉穩鎮靜，三思周全。	
健康：步行強身，流動血氣。	
修養：明辨是非，堅守正道。	

第八卦 ䷇ 水地比

〈坤〉☷ 下 〈坎〉☵ 上

治世輔弼

溝渠潤地契符行，
比附諸侯後續營；
弗戒方來都國建，
遲疑擇善輔從亨。

※「占得此卦」：

注重人倫關係（包含手足鬩牆之事端），彼此緊密關注，禮讓和諧，上司與下屬，真誠相見；分工合作，並肩作戰，良性競爭，成為事業互助之伙伴，莫可諂媚討好主管，方能順遂吉利。其關係上，情侶或夫妻，親密無間，則感情融洽、百般恩愛。

籤詩解說	時運：謀權競爭，化敵為友。
	家庭：長幼有序，堅守本份。
	事業：通權達變，上下同德。
	情感：親近關懷，衡量能力。
	健康：郊外踏青，調劑緊張。
	修養：和順為宜，遵循義理。

第九卦 ䷈ 風天小畜

〈乾〉☰ 下 〈巽〉☴ 上

能繫非固

濃雲不雨德儲還，
響應風從繫篤鍰；
小畜西郊施乏暢，
夫妻反覆恐身艱。

※「占得此卦」：

表示人事物處於培養形成之階段，暫時無法有成就，等候期間，檢視自己，言語行動，是否合乎規範之涵養。復以存養工夫，當機運至，則可大展抱負。如與異性交往，彼此理念不一，或遭逢長輩之阻攔，感情緣薄。欲形影不離，須彼此坦誠相見，則有祥和之機。

籤詩解說	時運：停滯難前，萬事待發。
	家庭：陰盛陽衰，開源節流。
	事業：儲備精力，一展長才。
	情感：觀點差別，異中求同。
	健康：養精蓄銳，防患未然。
	修養：積存美德，不時之需。

第十卦 ䷉ 天澤履

〈兌〉☱ 下 〈乾〉☰ 上

跛履無險

虎尾如臨禮異分，
苟修戒懼戰冰氛；
安中慮害憂瞻望，
瞟考徵祥返素勤。

※「占得此卦」：

顯露有心實施計劃，於侍人接物，應付世情，純樸敦厚，
應須周全，謹慎認眞，當記《詩經·小雅·小旻》，所載：
「戰戰兢兢，如臨深淵，如履薄冰。」勿太剛烈、自不量
力，盲目行事，應退而堅守，最終能免遭危害，安全渡
過，順利推行。

籤詩解說	
時運：慎犯上級，越權招險。	
家庭：表達舉止，中規中矩。	
事業：兢兢業業，奉公守法。	
情感：居高思危，安然無恙。	
健康：強壯足部，保養眼睛。	
修養：言出如山，知行合一。	

第十一卦 ䷊ 地天泰

〈乾〉☰ 下 〈坤〉☷ 上

天人合一

地往陽來應合通，
更新萬象暢交豐；
絪縕互感民恬泰，
順遂祈求善事崇。

※「占得此卦」：

代表各事物，志向與理想，裡應外合，苦極甜來，時運亨通，宜親近善友，遠離小人，戒忌結黨營私，強取獲利，則能享有福分。若有伴侶，情投意合，良緣天賜，鸞鳳和鳴。應曉宇宙陰陽運行之法則，泰極而否，須知安樂之境，方可常保通暢。

籤詩解說	時運：否極泰來，稱心如意。 家庭：承擔艱苦，共同享樂。 事業：結交良友，高位謙卑。 情感：胸懷廣闊，物以類聚。 健康：動靜合宜，防範刑傷。 修養：得意失祥，知恩圖報。

第十二卦  天地否

〈坤〉☷ 下 〈乾〉☰ 上

小人道長

天地不交匪類鄰，
凋零退散隱君貧；
瞞天過海良心昧，
亂世潛修養託身。

※「占得此卦」：

前程發展，閉塞難行，諸事不如意，合夥共事，遭逢心術不正之人，搬弄是非，避開以自保。應對之道，謙和有節制，選好方向，正確做事，堅持不變，情況則可由否轉泰！另於關係相處上，真心關愛，適度表達，化解思想、看法之差異，促使和睦。

籤詩解說	
時運：	阻塞難行，遠離小人。
家庭：	吵鬧爭執，傾聽交流。
事業：	深思熟慮，明哲保身。
情感：	意見相左，溝通協調。
健康：	吐納淨化，調理體質。
修養：	潔身自愛，寬容品性。

第十三卦  天火同人

〈離〉☲ 下 〈乾〉☰ 上

大公無私

火灼升天意志同，
朝參辨物造元功；
文明以健夬和緖，
主敬存誠運策通。

※「占得此卦」：

顯示生活與他人之社交，或合作夥伴，須辨別真偽，保持和諧，正大光明，不偏私與強勢作為！若坦懷相待，則可獲取親朋好友，鼎力相助，得償所願！《易》曰：「二人同心，其利斷金。」若缺乏契合，不必牽強，自退守之，以保平安，遠離災禍！

籤詩解說	
時運：	光明磊落，精誠團結。
家庭：	平等對待，闔家喜悅。
事業：	切磋琢磨，創造佳績。
情感：	公正無私，和諧融洽。
健康：	避免熬夜，胸肺養護。
修養：	毫無歧視，各有所長。

第十四卦  火天大有

〈乾〉☰ 下 〈離〉☲ 上

求道積德

光明煜（ㄩˋ）燿照中州，
德劭溫尊大得優；
過（ㄜˋ）惡揚良吾輩份，
持身潔己獲天庥（ㄒㄧㄡ）。

※「占得此卦」：

太陽普照，大放光明，一切皆繁榮興盛，欣欣向榮；謹記創業難，守成不易，居高思危，防備驕傲自滿，得意忘形，方能免遭禍害，其乃優越感之作祟。並適時於能力所及，存仁慈之心，行佈施，啓發有緣者，必得上天之祐助，諸事順暢，吉祥元亨！

籤詩解說	時運：蓬勃發展，收獲豐富。
	家庭：飲水思源，有福同享。
	事業：財運亨通，以德服人。
	情感：大展魅力，情投意合。
	健康：焦躁降火，飲食定量。
	修養：明辨是非，隱惡揚善。

第十五卦  地山謙

〈艮〉☶ 下　〈坤〉☷ 上

恭謙和讓

自抑山高屈地潛，
天行滿損學撝謙；
裒多益寡平施履，
禮讓卑辭福澤沾。

※「占得此卦」：

立身處世，認眞負責，保持虛心學習，禮讓之品德，戒愼驕傲自大，輕視別人，方能受擁護！無論處於任何環境，將無往不利，得心應手，享有美好之名譽！若於經營關係上，應權衡事物，公平給予施與，濟弱扶傾，多行善事，拳拳服膺，福佑後代！

籤詩解說	時運：諸事皆吉，氣勢亨通。
	家庭：良善治家，安居樂業。
	事業：勤勞謙虛，聲名遠播。
	情感：平易寬厚，和顏悅色。
	健康：散心放鬆，適度養護。
	修養：順從配合，功成不居。

15

第十六卦 雷地豫

〈坤〉☷ 下 〈震〉☳ 上

豫知幾微

春雷大地奮柔鳴，
婉悅陰陽物類生；
縱豫防迷如介吉，
差池有悔盍簪迎。

※「占得此卦」：

春雷一聲，代表春天降臨，事先準備，採取措施，未雨綢繆，應順時宜，以建立事業。以及適度尋歡作樂，假如違反己意，去遷就他人，過度流連花花世界，必有悔退。如縱慾吃喝玩樂之生活，若不加以節制，必引發百病叢生，招來危殆，謹慎為安！

籤詩解說	時運：樂極悲至，居安慮危。
	家庭：親善益友，聚合恰當。
	事業：開創根基，奮發有為。
	情感：節制慾望，回歸樸實。
	健康：曬日光浴，增強代謝。
	修養：剛正不阿，據理行事。

第十七卦 ䷐ 澤雷隨

〈震〉☳ 下 〈兌〉☱ 上

尊天法地

順逆時機動悅開，
依從主位擇交才；
無為逸-興天然應，
屈貴降尊德附來。

※「占得此卦」：

做人態度，應付世情，性情隨和，扮演好社會與家庭之角色，同時遇事件時，需適時妥善變通。其工作與休息，規律正常，結交增長智慧，品德優良之朋友，心懷誠實，莫作矜持，選擇正確之事前往，且堅持不變，則必獲人所信任，尊敬仰慕。

籤詩解說	
	時運：因時制宜，擇善而從。
	家庭：各司其事，盡責義務。
	事業：順水推舟，當握良機。
	情感：杞人憂天，祝禱祈福。
	健康：胸腔功能，良方調理。
	修養：放下成見，隨順因緣。

第十八卦  山風蠱

〈巽〉☴下 〈艮〉☶上

破邪顯正

嶺下風吹惑亂匡，
馴糜抑止振民良；
補牢顧犬先三甲，
整飭從新育德祥。

※「占得此卦」：

浮現人事上，受到擾亂，宜發現既往弊端，依照身分與能
力等事項，革除舊習；加以矯正過錯，建立符合當前，完
善措施，繼承先人之事業，則可獲得效法、讚美。其身體
方面，須固定做健康檢查，防範病變，提前治療，慎防慢
性病，注重調養保健是禱！

籤詩解說	
時運：	紛紜難安，次序雜亂。
家庭：	改變舊規，制定禮儀。
事業：	除去弊病，開創新局。
情感：	毫無條理，釐清界限。
健康：	胃腸攝養，辛辣宜忌。
修養：	面對惡習，勇敢修之。

第十九卦 ䷒ 地澤臨

〈兌〉☱ 下 〈坤〉☷ 上

得貴之臨

八月居高慎殆^{ㄞˊ}逢，
監司治理避傷衝；
英明睿智親臨保，
治庶^{ㄕㄨˋ}敦仁曠久顯^{ㄒㄧㄢˇ}。

※「占得此卦」：

前程處於盛極而衰之危險，面對事情及解決問題，莫求好
心切，操之過急！否則，必與期待有所落差，如業務、成
績、地位、或聲望等，逐漸走下坡！且不爲謀圖升官，應
維持勤奮，制定實際規章，寬宏、厚道之品德，治理人事
務，則可化險爲夷。

籤詩解說	
時運：	否泰交替，成就衰退。
家庭：	施行教化，建立規範。
事業：	堅守職責，管理妥善。
情感：	接近自然，調適變動。
健康：	培養元氣，永保活力。
修養：	善用智慧，突破瓶頸。

第二十卦  風地觀

〈坤〉☷ 下 〈巽〉☴ 上

恭儀誠意

風行草偃觀民占，
敬重虔誠感化廉；
設教壇場王道服，
循規四美眾恩霑。

※「占得此卦」：

秉持宏觀，注重整體時勢之理解與掌握，處世以中庸之道，修養氣度，以德服人。若異性交往或夫妻，注意人情與事理，現實與浪漫，兩者兼顧，生計方能圓滿。惟健康方面，留意陰寒、風濕之症，忌冰品辛辣之食物，避免筋骨、女性子宮欠安！

籤詩解說	時運：處變不驚，進退有道。
	家庭：以身作則，榜樣典範。
	事業：擔負重任，捨我其誰。
	情感：沉心靜慮，察言觀色。
	健康：關節善攝，中醫調理。
	修養：自我省察，端正莊嚴。

第廿一卦 ䷔ 火雷噬嗑

〈震〉☳ 下　〈離〉☲ 上

明罰劾法

東方旭日動而明，
閃電雷音執法清；
頤實中虛頤口象，
施刑亮察噬膚平。

※「占得此卦」：

雙方之交往，失去人和，彼此有所抱怨、吵嘴，嚴重者互相訴諸法院，以解決問題，平息爭端。若伴侶相識，雙方必受阻隔，遭遇親朋之反對，無法交往。於處世原則，善意溝通，避免咄咄逼人，健康重視養生，戒狼吞虎嚥，以促進消化系統之吸收。

籤詩解說		
時運：	困厄勞累，	障礙重挫。
家庭：	口角衝突，	以愛化解。
事業：	排除萬難，	勇往直前。
情感：	和顏悅色，	客觀表達。
健康：	細嚼慢嚥，	飲食節制。
修養：	寬柔恭順，	換位思考。

第廿二卦 ䷝ 山火賁

〈離〉☲ 下 〈艮〉☶ 上

修飾充實

日沒西山射燄霞，
人文舉正飾剛華；
居貞斷獄修明止，
白賁歸真返璞驊。

※「占得此卦」：

洞察一切事物，看出細微之處，講道理，不偏執，避開運用訴訟之途徑，尋求判決。應依身份地位，以禮相待，守持中正，栽培、重視實力，發揮長才，方可獲吉祥！若交往異性或夫妻，互動條件，莫憑外表，應注意涵養及氣質，回復淳樸之本性！

籤詩解說	時運：良敗交錯，虛有其表。
	家庭：生活起居，儉省樸實。
	事業：在位謀政，發揮實力。
	情感：重內在美，順其自然。
	健康：陰陽失調，中醫診治。
	修養：整飾自身，儀容得當。

第廿三卦 ䷖ 山地剝

〈坤〉☷ 下 〈艮〉☶ 上

小人勢長

月滿盈虛剝蝕殘，
陰長得勢正凌寒；
天行順應停前莽，
背暗投明保定安。

※「占得此卦」：

人事波折，陰陽失衡，遭受壓迫、剝奪，從事任何志業，
皆不得志。應順勢停止所有行動，培養仁義之心，堅定剛
強，以立身處世，可平安無事！然而，兩性間不適談論男
女婚嫁，於身體注意女性之婦科，飲食需清淡，避寒燥
熱，規律運動強身！

籤詩解說	時運：小人得寵，受挫損毀。 家庭：改變慣性，重建家規。 事業：忍辱負重，以屈求伸。 情感：落寞寡歡，修心轉念。 健康：戒備足傷，車道緩行。 修養：閱覽栽植，怡情養性。

第廿四卦 ䷗ 地雷復

〈震〉☳ 下 〈坤〉☷ 上

主東我復

冬眠萬物一陽躋，
七日循環蘊始稀；
靜候時機來復善，
從新改過謬毋淒。

※「占得此卦」：

前程運勢，逐漸步入軌道，假如執掌事務，性情固執，不講情理，將導致損害。應循正當途徑，改過遷善，勤勉學習，實踐所學，則可避凶趨吉，平安穩定。然而，擇偶對象，付出感情，從一而終，三心二意，則常陷入感情之迷亂、決擇，無法永結同心！

籤詩解說	
時運：	循環反覆，靜待良機。
家庭：	和睦興家，用心經營。
事業：	積蓄能量，擇善行之。
情感：	誠懇實在，心意專一。
健康：	舊疾復發，治本長壽。
修養：	全神貫注，善始善終。

第廿五卦 ䷘ 天雷无妄

〈震〉☳ 下 〈乾〉☰ 上

無私無邪

天下雷聲動妄无，
清真切實正公扶；
薗畜勿藥禳災喜，
處事終經利往符。

※「占得此卦」：

顯示人事遭受無法預料之毀損，諸事莫任意行動，應再三
考慮，前進可安。假使為慾望謀利，違背道德，將導致失
敗。再則，兩性之互動，價值觀有差異，苛求責備，應宜
體諒、包容，始能相處愉悅；盡量避忌久視、熬夜傷身，
珍重眼、肝之保養！

籤詩解說	時運：意外災禍，有驚無險。 家庭：讚揚長處，各有千秋。 事業：謀定後動，腳踏實地。 情感：思緒混亂，禪坐伏心。 健康：避傳染病，增強抗體。 修養：心平氣定，大度包容。

第廿六卦  山天大畜

〈乾〉☰ 下 〈艮〉☶ 上

充分發揮

天居艮《⁄》止畜賢豪，
積德暉光益智高；
鬥勝爭強無濟事，
艱貞識廣駕良操。

※「占得此卦」：

諸事必經由長時間，持續不斷，方能養成；一旦時機降臨，即能施展抱負，實現願望。惟謀劃期間，依然須保持精進，熟練技能，莫急於求得成就，貪圖虛名，可獲喜慶！其次，關係之經營，熱絡噓寒問暖，增進親密與和樂；勤於鍛鍊，助益永保安康！

籤詩解說	時運：欲速不達，知止謀定。
	家庭：節用儲存，財帛豐年。
	事業：蓄勢待發，展現實力。
	情感：果敢決斷，動靜合宜。
	健康：注意腹疾，勤練功法。
	修養：培養品德，持之以恆。

第廿七卦 ䷚ 山雷頤

〈震〉☳ 下 〈艮〉☶ 上

正養食言

外動中虛臉頰頤(ㄐㄧˊ)，
躬求口實養修宜；
安生飲食傳言慎，
虎視鷹瞵(ㄌㄧㄣˊ)守靜祺。

※「占得此卦」：

凡事須靠自身，一步一腳印，奮鬥不懈(ㄒㄧㄝˋ)，安身立命，方能熬出頭，擁有一片天地。倘若投機取巧，心存僥(ㄐㄧㄠˇ)倖(ㄒㄧㄥˋ)，阿(ㄜ)諛逢迎，違反處世常理，到頭來一場空。其次，禮多人不怪，謹言慎行，誠冒犯大人，得貴人提攜；飲食口味適中，忌貪甜食，避免患糖尿病。

籤詩解說	
時運：	遲留等待，表裡兼修。
家庭：	重視營養，慈愛教育。
事業：	自立自強，按部就班。
情感：	甜言勸善，心花怒放。
健康：	進餐緩食，饞嘴忌口。
修養：	言語得體，彬彬有禮。

第廿八卦 ䷛ 澤風大過

〈巽〉☴ 下　〈兌〉☱ 上

守中獨立

棟宇橈樑邁往行，
絲茅澤滅理虔平；
嬌妻父老聯姻與，
量力為時大過衡。

※「占得此卦」：

顯現對待人事，有過之無不及之情況，剛強易斷，陰柔無力，超過自身能力所給予，事與願違。惟有勇氣，無所畏懼，力求敢有作為，調整付出與接納，力量居中，方為智者，俾能吉祥！其次，選擇交往對象，年齡較長為優，相敬如賓，晚運安樂！

籤詩解說	時運：適得其反，力不從心。
	家庭：恩威兼行，禮讓保安。
	事業：承當勇往，陰陽並濟。
	情感：情理雙全，施受平衡。
	健康：肝腎保養，排毒代謝。
	修養：問心無愧，謹守中庸。

第廿九卦 ䷜ 坎為水

〈坎〉☵ 下　〈坎〉☵ 上

陷入流渦

雙層急遽習孚從，
越禍剛行尚有衝；
水洊叢生勞瘁窘，
強援自牖咎終容。

※「占得此卦」：

表露前程隱憂堪慮之兆，諸事辛勞忙碌，牽纏、鬱悶，難以得閒。應誠心尋求資源相助，莫操之過急，閱讀增智慧，行善佈施，可安然渡過難關。然則，兩性之交往，熟知各方面之身世、品性，再進一步深交，寧缺勿濫，否則怨偶一對，或分道揚鑣！

籤詩解說	時運：險象環生，心事重重。 家庭：叨念操心，信任放下。 事業：克服困難，勤政愛民。 情感：休閒調適，學正思維。 健康：莫過操勞，滋腎補身。 修養：知者樂水，仁者樂山。

第三十卦  離為火

〈離〉☲ 下　〈離〉☲ 上

上進升華

日月相重百穀明，
黃離附麗曜〔ㄧㄠ〕鄉城；
恭維履〔ㄌㄩ〕錯和調昃〔ㄗㄜ〕，
知止無邪大犖〔ㄌㄚ〕晶。

※「占得此卦」：

顯示太陽照耀，充滿希望，一片明亮，大有斬獲，前途無可限量。然而，遇事留意莫急躁、貪功，反遭毀滅，得不償失！其次，關係之角色，應當胸懷，妻以夫貴，順從美德，則可幸福美滿。惟身體方面，重視生活作息規律，溫和調理，養顏美容。

籤詩解說	時運：美好前程，光明亨通。 家庭：柔順德性，家和興旺。 事業：高瞻遠矚，勇猛精進。 情感：誠摯熱心，中和清心。 健康：晨操安眠，長命百歲。 修養：宜室宜家，培養內德。

第卅一卦 ䷞ 澤山咸

〈艮〉☶ 下 〈兌〉☱ 上

至誠感天

通連二氣序常倫，
應和聯婚兩性親；
靜處安居脲禍患，
憧朋爾緒感咸神。

※「占得此卦」：

呈現陰陽二氣對應，交感互通，秉承心胸寬廣、謙虛，接納他人之意見，則功名顯赫，或貴人鼎力相助。然而，與朋友交往，謹慎空洞不切實，逞口舌之快，必有懊惱之悔禍。其次，夫妻、異性、伴侶之關係上，情投意合，夫唱婦隨，福澤眷佑子孫。

籤詩解說	時運：天人感應，和睦禎祥。
	家庭：團結一致，分甘共苦。
	事業：攜手共事，志同道合。
	情感：心意互通，琴瑟和鳴。
	健康：神志恍忽，睡眠充足。
	修養：安居樂業，虛懷若谷。

31

第卅二卦  雷風恆

〈巽〉☴ 下 〈震〉☳ 上

維持綱常

雷風偶合責權擔，
內外分工顧眷含；
脫軌超常辭誡利，
人倫恪守孝恆甘。

※「占得此卦」：

代表宇宙運行之法則，萬事若欲成功，無論何事，步步腳踏實地，莫紙上談兵，保持意志，更改不動，必能馬到成功！然而，伴侶相處之道，遵循人倫，尊卑有別，安守本份，家庭則祥和樂利。其次，防患未然，身體無病一身輕，養護有道，萬壽無疆。

籤詩解說	
	時運：歷時長久，持恆始通。
	家庭：一成無變，感恩知足。
	事業：正常途徑，精雕細琢。
	情感：事緩則圓，終始如一。
	健康：風寒咳嗽，胸肺攝養。
	修養：平淡無奇，體悟人生。

第卅三卦 ䷠ 天山遯（カスリ）

〈艮〉☶下 〈乾〉☰上

退隱南山

高天有嶺未相鄰，
順勢陰長退避塵；
澹（ㄉㄢ）泊韜（ㄊㄠ）光為俊傑，
規模遠舉遯肥甤（ㄇㄟ）。

※「占得此卦」：

運勢漸明，適時辨別時代之潮流，伺機歸隱，暫緩舉動；人事之交際，疏離小人，恭敬退居幕後，不管世事，方可為英雄豪傑。再則，對不合適之感情，有所執著，藕斷絲連，難捨難分，身心將飽受苦楚。注意外出安全，加強循環系統，避免水腫症狀。

籤詩解說	
時運：	認清時勢，急流勇退。
家庭：	內部紛擾，風雨同舟。
事業：	時不我與，退居幕後。
情感：	速斬亂麻，劃清界線。
健康：	預防肥胖，基礎代謝。
修養：	自重莊嚴，清心寡慾。

第卅四卦  雷天大壯

〈乾〉☰ 下 〈震〉☳ 上

陽盛剛強

天空震響勢雄鳴，
越禮修為大壯成；
羊觸(ㄔㄨˋ)藩籬(ㄌ一ˊ)知素退，
艱沉洗鍊(ㄌ一ㄢˋ)當陽宏。

※「占得此卦」：

雷聲響徹於天上，象徵令人畏服之強大力量；行事作風，
心懷誠信，戒血氣方剛，性情急躁，不合禮儀之人事，皆
須迴避。應重視內在之修鍊，滿招損，謙受益，避免犯下
大錯、處境難堪。惟關係互動方式，以關懷化解責備，以
免反目成仇，不歡而散！

籤詩解說	
時運	華麗外表，盛氣凌人。
家庭	咄咄逼人，和氣致祥。
事業	守住本份，堂皇正大。
情感	情緒高昂，不疾不徐。
健康	預防足傷，健行壯腿。
修養	恭謹謙和，表裡一致。

第卅五卦 ䷢ 火地晉

〈坤〉☷ 下 〈離〉☲ 上

前程光明

離升地上擢^{出メイ}光昭，
嶄^{出弓ˇ}露鋒芒漸進遼；
伐^{ㄈㄚ}邑^{一ˋ}愁城毋失得，
謙沖介福晉封梟^{T一幺}。

※「占得此卦」：

顯示光耀照射大地，萬事發展，仕途順利。惟欲謀求功名
富貴，需培養專業技能，莫博而不精，精進贏取眾人，信
賴與肯定，方能大展鴻圖。然而，兩性之相處，面帶歡
悅，笑臉迎人，相得甚歡。次之，身體宜看顧眼睛，精神
之釋壓，能舒暢自在！

籤詩解說	時運：欣欣向榮，步步高升。 家庭：氣氛和諧，幸福美滿。 事業：職位晉級，大展鴻圖。 情感：喜笑顏開，善氣迎人。 健康：過度耗能，養護頭部。 修養：力爭上流，居安慮危。

第卅六卦  地火明夷

〈離〉☲ 下 〈坤〉☷ 上

明藏正隱

日陷坤中困隘危，
文王浩劫闇明夷；
憂讒傅翼逃名誡，
養晦潛藏智器垂。

※「占得此卦」：

光明隱蔽地中，代表著滅除，諸事不得志；當退隱世俗，沉潛修身，推開應酬交際，不宜心忙意急，爭取謀利，否則帶來禍端。再則，兩性之對待，莫尖酸、刻薄，嘲笑與諷刺，恐怕各奔前程；注意身體腹部、足位之養護，親近大自然，獲得心情開闊。

籤詩解說	
時運：	黑暗覆蓋，幽無天日。
家庭：	親族寡和，練達缺憾。
事業：	澹淡經營，克服艱巨。
情感：	操之過急，再三考慮。
健康：	防範腿傷，定期抽檢。
修養：	淡泊名利，禮佛庇護。

第卅七卦  風火家人

〈離〉☲ 下　〈巽〉☴ 上

各正其位

男女交歡合體家，
人倫各自職司誇；
嘻皮嘻屬宜匡正，
默化潛移治誨芽。

※「占得此卦」：

重視家庭人倫之常理，角色定位，治家之道，嚴父慈母，子女侍奉雙親，克盡孝道。然則，規範之行為，設身處地為人著想，給予諒解，自我約束；犯忌不正經，隨便、笑鬧，貪圖吃喝玩樂，家道則廢。惟健康慎防，肝火過旺，須調養心氣，運動健身。

籤詩解說	
時運：	回歸本位，注重倫理。
家庭：	父嚴子孝，母慈孫賢。
事業：	內部整治，合作共事。
情感：	相親相愛，珍惜緣份。
健康：	肝火過盛，調養心氣。
修養：	自我檢點，改過遷善。

第卅八卦 火澤睽

〈兌〉☱下 〈離〉☲上

其志不同

水火無容異願歧，
分崩背棄道家遺；
相交遇主艱虞體，
匪寇睽孤媾曳醨。

※「占得此卦」：

顯示人際層面，處於相互違背，上下障礙難行。然而，關係之交往，疑神疑鬼，南轅北轍，難以溝通，關係敵對，無法出雙入對。應各退一步，胸懷溫厚、寬容，彼此交流想法，以化解阻隔對立，則可通吉。惟需保持環境潔淨，防護氣管與過敏問題。

籤詩解說	時運：茫然若失，力不從心。
	家庭：疑心違背，信賴託付。
	事業：拋棄成見，化敵成友。
	情感：各有千秋，傾聽溝通。
	健康：皮膚敏感，注重衛生。
	修養：尊重觀點，大度包容。

第卅九卦 ䷦ 水山蹇

〈艮〉☶ 下 〈坎〉☵ 上

麻痺凍足

前行曲阻境維艱，
東北孤窮妄動攀；
蹇利西南朋共濟，
修明內省譽佳園。

※「占得此卦」：

呈現前程之處境，艱難窘困，東北方為險位，記當避開。
應識時務，通權達變，覺悟返歸靜守，做事勤快，修身養
德，以渡難關。然則，言語舉止，切莫莽撞，結合伙伴，
同舟共濟，方可突破瓶頸。其次，疾苦中之感情，患難相
扶，量力而為，療養身體。

籤詩解說	時運：寸步難移，困苦坎坷。 家庭：奔波勞碌，共體時艱。 事業：進退兩難，同道相助。 情感：情緒低落，調適生活。 健康：體能辛勤，保衛手足。 修養：反求諸己，修明美德。

第四十卦 雷水解

〈坎〉☵ 下 〈震〉☳ 上

爭取時間

震坎同興夙吉流，
深思舉動解陰猷；
三狐隱患移黃矢，
積極持顛克復謀。

※「占得此卦」：

面對前方之阻礙，往西南方，可得貴人提攜，或以不變應萬變，轉危為安。然則，與朋友交往，中和剛正，以誠相待，得感化他人，始能遠離危難。再則感情，懷真心誠意，彼此信任為基礎，若疑心疑鬼，必貌合情離。身體方面，神經系統與肝，需攝養之。

籤詩解說	
時運	草昧不明，解除險境。
家庭	防遭失竊，對照呼應。
事業	消除憂患，斬草除根。
情感	釋放憂悶，親近山水。
健康	足趾痛疾，健走養身。
修養	淡泊名利，浩然正氣。

第四一卦 ䷨ 山澤損

〈兌〉☱ 下 〈艮〉☶ 上

損即無益

高山澤減道充然，
奉獻犧牲墾德田；
窒礙施行懲忿逸，
朋從損益喜饒遷。

※「占得此卦」：

顯示凡事要有所得，必先付出、奉獻，適時有損，己身之利益，見識遠大，將來必成就。然而，經營關係，心意為重，噓寒問暖，關懷備至，情意相通，感動天地，百年佳偶！其次，養護口鼻、呼吸系統，或胸肺之咳，忌飲冰品及辣椒之食物。

籤詩解說	時運：適時施予，近損遠利。
	家庭：為愛奉獻，無怨美滿。
	事業：不畏風霜，先難後獲。
	情感：禮輕意重，心誠則靈。
	健康：潤肺養喉，增強代謝。
	修養：慷慨分享，必有後福。

第四二卦 ䷩ 風雷益

〈震〉☳ 下 〈巽〉☴ 上

先損後益

風雷兩勢益相優，
日進無疆喜慶酬；
利己貪婪歸惠育，
從新藥石善根休。

※「占得此卦」：

顯露宇宙大自然，施惠萬物富有之道理，效法上天之德；
切莫爲圖謀利益，摧毀別人，傷人遭災。應存心寬厚，待
人和善，修養自我，勤行好事，減樂增福，學然後知不
足，豐裕可觀！其次，關係之交際，無需計較，能者爲
師，行動戒性急，勿怒傷肝是禱！

籤詩解說	
時運：	損人安己，得不償失。
家庭：	言出必行，傳家之寶。
事業：	高明遠見，增益充裕。
情感：	平穩前進，正直無私。
健康：	舒展筋骨，滋肝護膽。
修養：	聞過改之，見善效法。

第四三卦 ䷪ 澤天夬

〈乾〉☰ 下 〈兌〉☱ 上

以剛決柔

日盛陰消決斷揚，
王庭暴厲敕(ㄔ)凌張；
強攻覓(ㄒ一ㄢ)陸中和惕(ㄊ一),
解慍(ㄩㄣ)霑(ㄓㄢ)濡悔夬良。

※「占得此卦」：

所處環境困厄，辦事難以進展，克服種種關卡，莫決斷勉強行事，謹求平和，周全細密，以避開危險。然而，對待人際關係上，固執己見，不肯變通，恐遭感情決裂，各奔前程。次之，注意頭暈、胸腔、氣管之不適，釋放精神壓力，遊山玩水，以調劑之！

籤詩解說	時運：折磨當前，排除萬難。
	家庭：理財有道，團結一心。
	事業：錢財糾紛，公平支配。
	情感：固執己見，強勢分離。
	健康：調養氣管，控制血壓。
	修養：慎行中道，尊重平等。

第四四卦 ䷫ 天風姤（ㄍㄡˋ）

〈巽〉☴ 下 〈乾〉☰ 上

姤遇相繫

男子風流一女承，
相逢邂（ㄒㄧㄝˋ）逅（ㄍㄡˋ）遇緣冰；
匏（ㄆㄠˊ）瓜誥（ㄍㄠˋ）命空懸隕（ㄩㄣˇ），
慮遠防微鑑（ㄐㄧㄢ）姤凌。

※「占得此卦」：

明示強摘果實不甜，意指仕途，凡事依照本來性質開展，
杜漸防微毀損；若是輕浮躁往，則招來凶惡。然而，女性
社交優越過人，不可仗勢，應養內德，吸引良緣，佳偶天
成。假如妄自尊大，違反禮俗規範，遭辱身敗名。惟身體
部分，防流行疾病之傳染。

籤詩解說		
	時運：	強求不得，順其自然。
	家庭：	男女平等，維護家聲。
	事業：	奔波勞碌，竭盡人事。
	情感：	萍水相逢，道德發展。
	健康：	久坐調身，增抵抗力。
	修養：	未雨綢繆，自我勉勵。

第四五卦  澤地萃

〈坤〉☷ 下 〈兌〉☱ 上

宗廟祭會

澤地滋生萬物津，
王公聚祀孝恭神；
无誠惑亂強援陷，
引吉言謙萃集臻。

※「占得此卦」：

呈現社會人事，生活中聚合之現象；居其本位，心存誠信謙遜，性情柔順，和藹可親；假以時日，方能獲得傑出之士，擁戴共事，齊濟一堂。然而，異性交往，彼此歡怡，情意投合，水到渠成。再則，身體方面，留意膀胱、水道之養護，適度休息！

籤詩解說	時運：聚集群眾，精英相逢。 家庭：二人同心，其利斷金。 事業：人才濟濟，眾志成城。 情感：和顏悅色，潔身自愛。 健康：調消化道，滋潤咽喉。 修養：持平常心，聚散隨緣。

第四六卦 ䷭ 地風升

〈巽〉☴ 下 〈坤〉☷ 上

循序漸進

地木生長漸茁高，
循階進益炳升操；
岐ㄑ山順事明孚ㄈㄨˊ襜ㄕㄢ，
顯達扶持得志豪。

※「占得此卦」：

小樹從地底冒出，由細至粗，逐漸茁壯；顯示前程與志向
朝著光明前進。然而，立身處世，欲更上層樓，需知己知
彼，仰仗上位者提拔，下屬之支持，天時地利人和，方能
晉升。其次，關係之互動，莫猜忌、疑慮，眞實而懇切，
否則流水無情，離也！

籤詩解說	時運：由微至盛，日漸高升。
	家庭：侍奉長輩，支持照應。
	事業：自知之明，名利雙收。
	情感：虔誠謝恩，希望無窮。
	健康：陰柔體衰，良方理療。
	修養：堅守崗位，功成不居。

第四七卦 ䷮ 澤水困

〈坎〉☵ 下 〈兌〉☱ 上

處困勵志

陽剛掩蔽^ㄢ志難伸，
力屈窮途澤涸^{ㄏㄜ}貧；
救應金車難稱意，
由衷補闕^{ㄑㄩㄝ}困勤忐^{ㄇㄣ}。

※「占得此卦」：

如同池塘見底，乾枯無水，顯示面臨人事之處境，困頓失志，潦倒不得志。應堅定剛強，將眼前遭受之磨難，轉念當作日後成功之基礎，必能渡過逆境，出人頭地。其次，面對關係之考驗，以眞誠、懇切之態度相處，始能親近和睦；避免過勞，適當休養。

籤詩解説	時運：資源耗盡，另謀生路。 家庭：怨天尤人，積極進取。 事業：命途坎坷，奮不顧身。 情感：猶豫不決，義無反顧。 健康：腎虛耳病，養氣顧身。 修養：臥薪嘗膽，動心忍性。

第四八卦 ䷯ 水風井

〈巽〉☴ 下 〈坎〉☵ 上

修道積德

蓄水勞民勸汲(ㄐ一)扶，
開源養物井傳輸；
興修凳(ㄓㄨ)淉(ㄍㄤ)流甘冽(ㄌ一ㄝ)，
善果渠(ㄑㄩ)成祉(ㄓ)祿圖。

※「占得此卦」：

井中之水，須灌注輸送，喻為優良品性，奉養人事之道理。凡事勤修持，莫忘根本，布施濟世，福祐後代，子孫滿堂。然而，關係之經營，用心付出，切勿斤斤計較，能者多勞，始能百年好合。惟欲壽比南山，須重視調養生息，源源不斷，必松柏長青！

籤詩解說	時運：汲水蓄積，自食其力。
	家庭：守住家業，和衷共濟。
	事業：用心良苦，勤休不止。
	情感：純潔誠信，先施後得。
	健康：滋補氣血，恆心養身。
	修養：慈心修德，積善餘慶。

第四九卦 澤火革

〈離〉☲ 下 〈兌〉☱ 上

改故就新

水火相違熄志平，
徇情二女碩交征；
維新舊習言三就，
豹變從文革面明。

※「占得此卦」：

顯示舊有之運作，已不適用當前；應依據人事物，條件與
環境，有所變動，妥善實施新制度，不可心急，方能馬到
成功。其次，異性相處上，須改變互動模式與個性，若是
耍脾氣，怒氣沖天，口不擇言，必水火不容。惟培養良好
之生活習慣，永保安康！

籤詩解說	時運：隨時變通，實行變革。
	家庭：灑掃門庭，井然有序。
	事業：當握良機，按部就班。
	情感：放棄舊有，調整模式。
	健康：滋脾顧肝，攝生六腑。
	修養：沉靜調心，堅決果斷。

第五十卦 ䷱ 火風鼎 _{ㄉ一ㄥˇ}

〈巽〉☴ 下 〈離〉☲ 上

調和鼎盛

燃炊_{ㄔㄨㄟ}木巽_{ㄒㄩㄣˋ}鼎榮新，
主器承家正命倫；
棄舊圖更_{ㄍㄥ}充美貴，
中庸玉鉉_{ㄒㄩㄢˋ}吉和珉_{ㄇ一ㄣˊ}。

※「占得此卦」：

說明烹飪之器具，與飲食相關之常理。然而，隱喻執掌權事，剛中有柔，洗滌淘汰，老舊過時，不符合時代潮流之束縛_{ㄈㄨˋ}，建立新制，則無禍患。於關係上，勿腳踏兩條船，以免惹_{ㄖㄜˇ}禍上身；注意烹調或餐點，忌吃太辣或重鹹，口味適中，防範腹瀉、脹氣。

籤詩解説	
	時運：阻塞矛盾，除舊布新。
	家庭：飲食禮儀，移風易俗。
	事業：合伙壯盛，蒸蒸日上。
	情感：革新中和，從一而終。
	健康：感冒發燒，強免疫力。
	修養：過猶不及，知恩謝天。

第五一卦 ䷲ 震為雷

〈震〉☳ 下 〈震〉☳ 上

聲名四揚

上下轟隆號啞臨，
雷霆奮擊健剛音；
回惶戒懼修身過，
儆勵持中適震岑。

※「占得此卦」：

呈現承受人事壓力極大，相對抗力愈強；應奮發興起，舉
止謹小慎微，再三考慮，必招祥獲福。然而，活動屬性，
偏向動多靜少，適度從事靜態活動，例如閱讀、禪坐等，
以調和自律系統，安定神經。再則，關係之往來，懇切周
到，如影相隨，幸福美滿！

籤詩解說	
時運：患得患失，堅苦造就。
家庭：真摯和善，備受喜愛。
事業：謀定後動，成事在人。
情感：消沉墜落，主動積極。
健康：神精緊張，怡情養性。
修養：臨危不撓，沉著穩定。

第五二卦  艮（ㄍㄣˋ）為山

〈艮〉☶ 下 〈艮〉☶ 上

靜而後動

疊嶂（ㄓㄤˋ）重巖（一ㄢˊ）抑止行，
箕（ㄐㄧ）山退隱拯時亨；
隨思所欲薰偏屬，
動靜中繩輔艮迎。

※「占得此卦」：

顯示前方之路徑，彷彿有大山擋住，遭逢困難、挫折，停止不前，理想難實現。然而，處理事務之行為態度，切莫妄言輕動，警覺防備，該止則止，以免導致懊悔、危機之害。其次，防範人身安全，尤其是手部；關係之維繫，宜表達愛護，互知心意。

籤詩解說	
	時運：遇丘而止，願望難成。
	家庭：傳統思想，領受新知。
	事業：隱退藏珠，各立山頭。
	情感：打破沉默，進退得當。
	健康：預防結石，增強代謝。
	修養：自處能力，獨立高尚。

第五三卦 ䷴ 風山漸

〈艮〉☶ 下 〈巽〉☴ 上

文明漸進

徐行靚[xuān]女禮循歸，
漸蓄賢良易俗違；
獨雁沖霄遵歇[xiē]道，
言和莫卜[2号]進身飛。

※「占得此卦」：

闡明事情發展之過程，逐步完成，求取功名之途徑，無法速成，皆按部就班，飛黃騰達。然則，進程中須腳踏實地，和順勿躁進，拔苗助長，導致傷害損失。其次，關係之成親，應循禮節之規矩，方能天賜良緣，喜締鴛鴦！惟運動健走，促進情緒之安穩。

籤詩解說	
時運：順次而進，時來運轉。
家庭：循規蹈矩，安和樂利。
事業：建構根基，萬無一失。
情感：急切反敗，順其自然。
健康：飲食節制，安居靜養。
修養：高潔脫俗，實事求是。

第五四卦 ䷵ 雷澤歸妹

〈兌〉☱ 下 〈震〉☳ 上

浮雲蔽（ㄅ一）日

少女憑男出嫁欣，
強求主婦敝（ㄅ一）婚氳（ㄩㄣ）；
良緣靜待耽（ㄉㄢ）歸妹，
自好溫良望貴薰。

※「占得此卦」：

求婚姻大事，雙方之家庭，社會地位，宜門當戶對。若是過於挑剔（ㄊ一），苛求過高，急湊合強求，婚嫁難成，遇人不淑，必致凶險。然則，關係之永恆，遵守正規之禮儀，謹守夫妻之道，始能白頭偕老。惟重視養分之攝取，勿過於勞累，必早生貴子！

籤詩解說	時運：少女待嫁，非誠勿試。
	家庭：患難與共，同命鴛鴦。
	事業：得賢內助，如虎添翼。
	情感：陰陽相配，永結同心。
	健康：保養眼睛，舒筋活血。
	修養：自我約束，三從四德。

第五五卦 ䷶ 雷火豐

〈離〉☲ 下　〈震〉☳ 上

復興重明

光明震動益彰巍ㄨㄟˊ，
日正當中盛極微；
慾望無窮藏失蔽ㄅㄧˋ，
來章有慶護豐斐ㄈㄟˇ。

※「占得此卦」：

前程發展，美好遠大，擁有豐沛之資源，繁榮昌盛。然而，處世須光明磊落，誠信待人，裨ㄅㄧˋ益消除疑慮，必受尊崇。以及宇宙法則，物極必反，位於安樂時，能預想未來可能出現之危險，方能諸事吉利！惟關係互動，濃烈熱情，天賜良緣也！

籤詩解說	
時運：	氣勢正旺，如日中天。
家庭：	衣食無缺，知足常樂。
事業：	開誠佈公，稱心如意。
情感：	節制慾望，眾望所歸。
健康：	肝火旺盛，護眼養心。
修養：	盛極必衰，居安思危。

第五六卦  火山旅

〈艮〉☶ 下 〈離〉☲ 上

旅途辛酸

燃燒火速慎留居，
意志消沉旅瑣噓；
資斧安身終以命，
承遵守靜頌聲輿。

※「占得此卦」：

酷似山中之野草，被火焚燒，逐步移動；隱喻暫時寄居旅遊。然而，雖是出外漫遊，卻遭受財務纏身，逃難避風頭，心情糾葛，無法愉悅！其次，關係之往來，遠距戀愛，聚少離多，先求經濟穩定，再論及婚嫁，避免「貧賤夫妻百世哀」之淒涼！

籤詩解說	
時運：	萍蹤難定，奔波勞碌。
家庭：	身不由己，防範祝融。
事業：	充分籌備，重振旗鼓。
情感：	賤近貴遠，愁腸寸斷。
健康：	精神壓力，藥方調理。
修養：	人窮志高，卑下求貴。

第五七卦  巽為風

〈巽〉☴下 〈巽〉☴上

申命行事

隨風曉諭順施周，
申命寬仁伏進猷；
變革圖南三日度，
虛懷若谷巽功侯。

※「占得此卦」：

說明風之屬性，瞬息萬變，行蹤來往飄忽，風行無所不入。然而，待人處世，應當勤懇，謙順得體，莫傲慢、卑屈，進退得宜，必能暢行。其次，關係之經營，密切溝通與協調，交流想法，以免多頭馬車，無所適從。惟莫至人多之場所，防範流行症之染！

籤詩解說	時運：變化多端，起伏不定。 家庭：意見相左，協調合縱。 事業：勇武果決，勤敏爽神。 情感：柔能制剛，溫和最善。 健康：淋巴排毒，滋潤氣管。 修養：擇善固執，不卑不亢。

第五八卦 ䷹ 兌為澤

〈兌〉☱ 下　〈兌〉☱ 上

自大必咎

澤水欣然接物孚，
人情禮順態同愉；
提防曲意親讒諂，
講習磋商兌雅儒。

※「占得此卦」：

顯示與人之交際，結識朋友，應五衷欣喜，言辭和順；鑽研講授，吸收新知、滋潤，必獲吉祥。以及提防受迷惑，違反己意，奉承取悅，必招致危險。然而，伴侶之互動，關懷態度，首尾一貫，得琴瑟調和。若言語叨絮，耗力腎慮，宜中藥補氣，頤神養壽！

籤詩解說	時運：求其友聲，樂於分享。 家庭：最忌嘮叨，讚美擁戴。 事業：誠信為貴，上下同心。 情感：和顏悅色，言行善果。 健康：口腔衛生，調息運氣。 修養：傳道授業，妙語解頤。

第五九卦  風水渙

〈坎〉☵ 下 〈巽〉☴ 上

意志不堅

風行水上逐波消，
聚庶先王廟享邀；
散漫精神援六合，
奇懷正大渙躬遼。

※「占得此卦」：

表示事情發展之歷程，人心散漫，無法聚合，消滅之力量。應至誠感召，遵循以德，收攬民心，避免衝突，則可渡過險境，受人敬仰，安哉！其次，關係上注意細節之需求，若是毫不在意，將造成感情薄弱，背道而馳；防範氣血鬱積，良醫疏通調理。

籤詩解說	時運：人心渙散，更新換代。
	家庭：紛亂無序，制定常規。
	事業：無私聚士，開創新局。
	情感：因小見大，逢貴得助。
	健康：定期檢查，對症下藥。
	修養：一葉知秋，及時改正。

第六十卦 ䷻ 水澤節

〈兌〉☱ 下 〈坎〉☵ 上

節以制度

更番議德四時容，
蓄水平衡制溢從；
苦節門庭嗟窘躄，
驕奢正當警存庸。

※「占得此卦」：

諸事於舉止言語、從事某項工作，能夠有所限制、不過度，恰當好處之道理。然而，立身處世上，應時刻省察，若濫用職權，胡亂揮霍，未加以調整改正，將導致走向困窮，寸步難行。其次，關係上，莫自作多情，視對方所需給予，則可相契，意合情投！

籤詩解說	時運：見機行事，掌握分寸。
	家庭：節約財物，永久不缺。
	事業：權責分明，效率昌盛。
	情感：顧己施與，恰到好處。
	健康：飲用無度，定食長壽。
	修養：見好就收，適得其中。

第六一卦 ䷼ 風澤中孚 ㄈㄨˊ

〈兌〉☱下 〈巽〉☴上

上下相應

陰虛信實豕ㄕˇ魚推，
議獄舒徐篤ㄉㄨˇ福綏ㄙㄨㄟ；
假翰登天徒ㄊㄨˊ跡燕，
中孚駿譽脫攣ㄌㄨㄢˊ㘾ㄨㄟ。

※「占得此卦」：

表現於人事，中心思想爲誠信，內含懷謙虛，欣悅、和順
之美德，以符合倫常之法則，諸事必祥瑞！然則，假使虛
妄之言行，謊話連篇，終難得安樂。其次，關係之相處，
貴在互信，良好溝通，夫婦和睦恩愛，于飛之樂！惟防範
傳染之疾，鍛鍊護養身體。

籤詩解說	時運：真心實意，名符其實。
	家庭：遵守承諾，安和喜悅。
	事業：誠信原則，無往不利。
	情感：言出必行，值得託付。
	健康：藥材補身，增強抗體。
	修養：虛心受教，容納萬物。

第六二卦 ䷽ 雷山小過

〈艮〉☶ 下 〈震〉☳ 上

大害過懦

陰元過盛鳥遺霞，
小事含糊務實華；
越軌卑高災眚遇，
君臣矩步適中誇。

※「占得此卦」：

顯示於處理特定事件上，過當或不足之狀態。然而，行事與作風，莫固執己見，應適時調整，剛柔中和，糾正錯誤，則無悔凶險。其次，關係之往來，切莫時而熱情如火，忽又冷淡，令人難以捉摸，相處煎熬，不近情理，則感情生變，或人離家散！

籤詩解說	時運：逾越本位，難安職份。
	家庭：鋪張浪費，儉樸篤實。
	事業：賞罰欠當，公正剛直。
	情感：言行不符，力求真摯。
	健康：漠視小病，重症難醫。
	修養：導正惡習，知命安身。

第六三卦  水火既濟

〈離〉☲ 下　〈坎〉☵ 上

中和定位

水火融和既濟裏，
東風俱備願如償；
相依福禍潛顛厄，
實受西鄰禴祭賜。

※「占得此卦」：

火在下煮水，食物被炊熟；隱喻所開創之事業，努力已獲
得成果。然而，當事務發展至極盛時，必有逆向發展；行
事依然應保持戒懼謹慎，切莫驕傲自滿，舉止失去常態，
以防患禍害。再則，關係之往來，忌諱始亂終棄，用情須
專一，避免名譽掃地！

籤詩解說	時運：物極必反，禍福相依。 家庭：豐盛繁榮，感恩納福。 事業：如履薄冰，持盈守成。 情感：始終如一，執子之手。 健康：年老體弱，健身防衰。 修養：自命不凡，謙虛自牧。

第六四卦  火水未濟

〈坎〉☵ 下 〈離〉☲ 上

憂中望喜

狐尾霑濡汔憾窮，
垂成一簣敗摧悾；
長征冒進邦家慝，
慎辨居方有賞潼。

※「占得此卦」：

意謂所從事之抱負，當未成功；處事胸懷，彷彿用力牽引車子，防止車輪猛衝之嚴謹。應慎行勿急於求進，貪圖享樂，堅持勤奮，步步爲營，終有所成。再則，彼此之關係，水火不容，宜多傾聽，設身處地，退一步想，則能逢凶化吉，相得甚歡之祥。

籤詩解說	
	時運：時機未到，有始無終。
	家庭：量入為出，勤儉致富。
	事業：鍥而不捨，撥雲見日。
	情感：冰炭難洽，相敬如賓。
	健康：血脈阻塞，調理經期。
	修養：意志堅強，穩紮穩打。

廖英琪語跋

「羲經典籍率先觀，性命陰陽道學端；
處事求謀臻淑善，爻占六四卦神安。」

夫《易》者，五經之首，班固《漢書・藝文志》：「《易》道深矣，人更三聖，世歷三古。」《周易・繫辭・下傳》：「上古結繩而治，後世聖人易之以書契。」然則，《莊子・天下》：「《詩》以道志，《書》以道事，《禮》以道行，《樂》以道和，《易》以道陰陽，《春秋》以道名分。其數散於天下而設於中國者，百家之學時或稱而道之。」《周易・繫辭・上傳》：「一陰一陽之謂道，……，極數知來之謂占，通變之謂事，陰陽不測之謂神。」〈說卦傳〉：「立天之道，曰陰與陽；立地之道，曰柔與剛；立人之道，曰仁與義，兼三才而兩之，故《易》六畫而成。」

《周易・繫辭・下傳》：「古者庖犧氏之王天下也，仰則觀象於天，俯則觀法於地，觀鳥獸之文，與地之宜，近取諸身，遠取諸物，於是始作八卦，以通神明之德，以類萬物之情。」綜觀得知，《周易》論「陰陽」之說，即天、地、人、三極之道，含蓋範圍，大至宇宙天理之運行法則，觀察大自然寰宇之變化，古人則用以占卜，推斷吉凶禍福；小者，就近間接獲知，與人事相互，以作依循，禍福相滅相生之法則，存於生活。復以，明瞭諸事，動遷或抑止，當順境時，居安思危；遵時養晦，由逆轉順，扭轉乾坤，亨通祺祥，慶有餘之！

蓋人類者，乃群居之動物（group-housed animal），自然、社會與人相互依賴，環環相扣，無法離群索居，彼此共生共存。然則，人與環境，互動往來，則由個體切身之關係，發展衍生至家庭單位，社會階層。以及人際之立身處世，時運、際遇之變化，牽動著運行，一寒一暑，周而復始。爰而鄙人獲風城吳慕亮鴻儒之傳授，故斗膽吾將《汝南堂・周易尚占》六十四卦啟示賦卡，每卦之「籤詩解說」，歸納區分：「一、時運。二、家庭。三、事業。四、情感。五、健康。六、修養。」共屬六項，以詮釋占卜者，所欲詢問之議題，洞悉吉凶悔吝，安頓身心。

《周易》寶策，博大精深，淵源流長，璀璨多彩，四域生輝。亙古至今，乃古聖先賢，智慧之結晶，彌足珍貴之寶典，能令敬仰者，能知時勢，動靜得宜，防患未然，涵養品性，趨吉避凶，招福納祥！蓋「心之所需，《易》之所在」也。然而《周易》之宏論，天人合一之道，英琪不才，見識淺薄，以管窺天，僅一得之愚，略表片面之詞，未能臻達完善之作。儻若斷簡殘篇，以偏概全，欠缺貫通明曉，企盼五術界之先輩，容寬海涵，祈望賜教高見，補益長進，末學拱手合十。復蒙 家師吳慕亮之序言頒賜，謬獎旌勉，頗感慚報，一併致謝，元亨利貞！

歲次庚子年丙午黃道良辰吉時
汝南 廖英琪 🔴 沐手敬書於雲仙小築牗前

65

《汝南堂‧周易尚占》六十四卦啓示賦卡
〈詩箋白話註解全集〉(一)

指導老師 / 吳慕亮

作　　者 / 廖英琪

版　　權 / 廖英琪

出版發行 / 廖英琪

　　　　　地址：台中市霧峰區

　　　　　電話：0971-468788

讀者服務 / yc8643@gmail.com

郵政劃撥 / 22853815　戶名 廖英琪

代 理 商 / 白象文化事業有限公司

　　　　　地址：401 台中市東區和平街 228 巷 44 號

　　　　　電話： 04-22208589

經 銷 處 / 文豐書局　莊淑娥 0912-604477

地　　址 / 台中市北屯區瀋陽北路 74 號

　　　　　電話： 04-2297 0076

　　　　　傳眞： 04-2295 4037

封面設計 / 夤裕企業有限公司

美編排版 / 夤裕企業有限公司

製版印刷 / 夤裕企業有限公司

卦卡 2020 年 3 月初版

書籍 2020 年 6 月初版

定　　價 580 元

本書如有破損、缺卦卡，請寄回文豐書局更換。

國家圖書館出版品預行編目 (CIP) 資料

《汝南堂‧周易尚占》六十四卦啓示賦卡〈詩箋白話註解全集〉
/ 廖英琪作 . -- 初版 . -- 臺中市；廖英琪, 2020.06-
冊；　公分
ISBN 978-957-43-7777-0 (第 1 冊：平裝)
1. 易占 2. 詩詞
292.1　　　　　　　　　　　　　　　　109008823